Manufactured by Amazon.ca
Bolton, ON

30683181R00060